*para sempre
e sempre*

Amor,

eu queria te dizer
infinitas verdades imensas

eu te amo, eu te amo,
eu te amo, eu te amo,
eu te amo, eu te amo,
eu te amo, eu te amo,
eu te amo, eu te amo,
eu te amo, eu te amo,
eu te amo, eu te amo,
eu te amo, eu te amo, eu

para sempre e sempre

Tercio Sampaio Ferraz Jr.

MinhaEditora

Copyright © 2012 Editora Manole Ltda., por meio de contrato de coedição com autor.

Capa: Departamento de Arte da Editora Manole
Projeto gráfico e diagramação: Departamento Editorial da Editora Manole

Minha Editora é um selo editorial Manole.

Dados Internacionais de Catalogação na Publicação (CIP)
(Câmara Brasileira do Livro, SP, Brasil)

Ferraz Junior., Tercio Sampaio
Para sempre e sempre / Tercio Sampaio
Ferraz Jr. — 2. ed. — Barueri, SP : Minha Editora, 2012.

ISBN 978-85-7868-046-6

1. Poesia brasileira I. Título.

11-14642   CDD-869.91

Índices para catálogo sistemático:
1. Poesia : Literatura brasileira 869.91

Todos os direitos reservados.
Nenhuma parte deste livro poderá ser reproduzida, por qualquer processo, sem a permissão expressa dos editores.
É proibida a reprodução por xerox.
A Editora Manole é filiada à ABDR – Associação Brasileira de Direitos Reprográficos.

1ª edição – 2011
2ª edição – 2012

Direitos adquiridos pela:
Editora Manole Ltda.
Avenida Ceci, 672 – Tamboré
06460-120 – Barueri – SP – Brasil
Tel.: (11) 4196-6000 – Fax: (11) 4196-6021
www.manole.com.br
info@manole.com.br

Impresso no Brasil
Printed in Brazil

Para Tercio
sempre e
sempre

Sonia

Prefácio

A linguagem e muito especificamente a linguagem do Direito - sua coerência, suas mudanças, seu emprego pragmático, sua lógica, suas dimensões prescritivas, seu mistério - têm sido, no correr dos anos, um tema recorrente da grande reflexão de Tercio Sampaio Ferraz Jr. O Direito integra o mundo da vida pública, ou seja, daquilo que é o comum a todos e, por isso, deve ser visível a todos. É neste contexto do público que se situa a obra de Tercio, que, como jurista e filósofo, vem analisando e explorando o poder da palavra.

Um dos poemas deste livro intitula-se "Nothing in between" (H. Arendt, explicando o que é o amor). Está inspirado no que ela diz em *A Condição Humana*, no qual destaca que esta grande experiência de vida dá-se no contexto do privado, que permite criar, na intimidade, um *in between* do par amoroso, que o afasta do mundo por obra da força intensa dos sentimentos. É para isso que Camões, que é uma referência poética de Tercio, aponta quando diz que o amor "É um andar solitário entre a gente".

O amor, é ainda Hannah Arendt que fala, possui inigualável poder de revelação e de clareza de visão. Por isso tem sido, no correr dos séculos, uma fonte e um estímulo da inspiração poética de que nos dão conta as múltiplas vertentes da tradição ocidental do poema amoroso.

A poesia, como realçava Octavio Paz, quando fui seu aluno em Cornell, é uma linguagem dentro da linguagem, e chamando a atenção para o ensaio de Roman Jakobson sobre a função poética, explicava que a poesia submete-se a convenções distintas das que regem as demais funções linguísticas. A obra de Tercio é uma contribuição de primeira plana para o entendimento das funções da linguagem no Direito; neste livro do percurso no tempo da intimidade de um *in between* articula a sua experiência no trato com a função poética, no qual as palavras mesmas constituem o núcleo da experiência – palavras que, para evocar Cecília Meireles, na sua "estranha potência" permitem que o mel do amor cristalize "seu perfume em vossa rosa".

Tercio é uma pessoa discreta, reservada na expressão dos seus sentimentos para um grupo mais alargado. Faço esta observação, fruto da experiência de uma fraternal amizade de 50 anos, porque sinto um certo constrangimento em prefaciar um livro do âmbito do privado, ainda que de circulação restrita, fruto da iniciativa de Sonia, da qual Tercio não tomou conhecimento e que será, para ele, uma surpresa quando o receber no seu aniversário, como um presente amoroso comemorativo de uma vida em comum. Com efeito, já prefaciei livro de Tercio e já escrevi sobre a sua obra, mas nesses casos explicitei em público aquilo que é do mundo público. No caso presente, o que me é solicitado é uma manifestação sobre o *in between* de uma intimidade no âmbito da qual *Para sempre e sempre* ecoa os camonianos "não querer mais que bem querer" da "Presença serena/que a tormenta amansa".

Direi, assim, com as reservas que o tocar no mundo privado me impõe, que este livro é composto de fragmentos de um discurso amoroso, para lembrar Roland Barthes, que põe em cena uma enunciação que oferece à leitura um lugar da palavra – as palavras de alguém que fala em si mesmo, amorosamente, em face do outro – a Amada, que não fala, mas escuta.

A estética dos fragmentos deste discurso amoroso é uma estética de concisão de quem domina com gosto as virtualidades da língua e sabe que a função poética da tópica amorosa tem regras próprias, distintas das funções linguísticas da tópica jurídica, examinadas nas suas obras de teoria geral e filosofia do Direito.

Para sempre e sempre, nos signos em rotação da dispersão dos fragmentos, enuncia afirmações, a de um eu, como está dito na carta de 5 de outubro de 1980, que sabe o que significam as contradições de vida, mas que tem, na intimidade, uma tendência irresistível de abrir a alma quando confia e, ainda mais, quando ama. Esta tendência leva o recôndito do "eu" poético de Tercio a ir elaborando, de modo próprio, as múltiplas facetas do repertório da tópica amorosa do cânone poético da língua portuguesa e da literatura ocidental: a espera, o encontro, a saudade, o tempo, a memória, a plenitude da união, o parecer formoso e os olhos, o coração, o corpo do outro, a dedicatória do presente amoroso, o ciúme, o eu te amo. Em síntese, o empenho em exprimir o sentimento amoroso numa criação poética é o que permeia *Para sempre e sempre*. É o que me permite ir concluindo, com Guimarães Rosa, que nas Veredas do Grande Sertão do mundo, aponta: o amor, quando aflora, "já é um pouquinho de saúde, um descanso na loucura".

Celso Lafer
Junho de 2011

Nota para quem for curioso

Poesia é sensibilidade. Muito pouco de razão. Expansão da fala emocional que, às vezes, apenas balbucia palavras, mais pela beleza das imagens que pelo nexo dos significados. Não precisa de explicação. Só de empatia e simpatia. Mas pode despertar curiosidade. Afinal, o que leva alguém a comunicar o íntimo de si mesmo?

Há dois temas recorrentes nesses escritos, que reúnem cartas e cartões, poesias e até simples bilhetes. O primeiro é a intimidade do "eu e você". Um lindo livro de poemas, de encontro e desencontro, de Paul Gerardy, *Toi et Moi*. Que, para nossa surpresa, Sonia e eu trocamos como presente do nosso primeiro dia dos namorados, a pensar solitários no que oferecer um ao outro. O outro é um verso de Tchekov: "não deixe que o barco do nosso amor se despedace contra os rochedos do cotidiano". A angústia de todos os dias, vivida pelo amor de todo dia.

Muitos poemas são datados. Cartões e cartas, escritos na Alemanha, que eu visitava como observador convidado das eleições federais de 1980. Daí a menção a comícios e reuniões e à Folha (*Folha de S. Paulo*), para a qual eu mandava reportagens e comentários. Poesias, escritas não importa quando. Porém, marcadas muitas vezes pelos eventos de sempre: dia dos namorados, do casamento, da celebração oficial, do aniversário de Sonia, do Natal. Um percurso longo que mal sentimos passar. Que, para circunstanciar no tempo dos significados, tem a quase dedicatória de Sonia e o prefácio e o posfácio de dois amigos: Celso Lafer, irmão querido desde 1960, que dispensa apresentações e Ingo Maehrlein, alma generosa que conheci em 1965, quando estudávamos em Mainz, Alemanha, e que um dia saiu de Heidelberg, onde era secretário de negócios jurídicos, para viver na ponta sul do Saara e encontrar na ajuda aos subdesenvolvidos sua razão de existir.

O último poema é de 23 de maio de 2011. Termina o livro, mas não termina o amor.

Tercio

Guardei...

Tercio, querido:
Guardei suas poesias, escondidas, só para eu ler.
Guardei suas cartas, uma a uma, com a emoção de seguir um novo caminho.
Guardei seus cartões, suas impressões, como estrelas que orientam decisões.
Guardei seus versos, seus verdadeiros presentes, para toda a minha vida.
Guardei todas as suas palavras, faladas e escritas, para, no fundo d'alma, refletir sobre meus ciúmes.
Mas guardei as escritas, possessivamente, só para eu ler.
Guardei porque tinha medo de que não me amasse mais e que um dia me abandonasse e me deixasse só, sozinha com minhas recordações.
Guardei com medo de que morresse e não me restasse mais nada,
nenhuma palavra e nenhum sonho.

Guardei para homenageá-lo,
como fez comigo, durante todos esses anos juntos,
sussurrando nos meus ouvidos ainda as palavras que
sussurrei nos seus,
na época, tão desacostumados...
e dizer-lhe que o nosso amor é maior que o "rochedo do cotidiano".
Guardei para lhe dizer que viveria mais e ainda outra
vida ao seu lado
só porque
te amo.

Sonia
02 de julho de 2.011

29/9/80

Oi amor!
Puxa! Há quantos anos eu saí do Brasil!
Isto aqui está uma doidice. Os alemães
fizeram um programa louco. Não dá
nem para respirar. Hoje quase perdi o
ônibus porque tive que ir ao banheiro!
Já é tarde agora. Viajamos a noite
toda. São 3 horas da manhã. Chegamos
às 2h. Amanhã levanto cedo para
passar um texto para a Folha. Agora
estou adormecendo, pensando em você.
Nos seus cabelos longos, sobre os meus
olhos, sua voz doce e terna me chamando
"querido", como só você sabe. Saudade.
Muita saudade. Logo estaremos juntos

4630 BOCHUM
Husemannplatz an der Kortumstraße

31. 037.43 269830 Um beijo

Tenso.

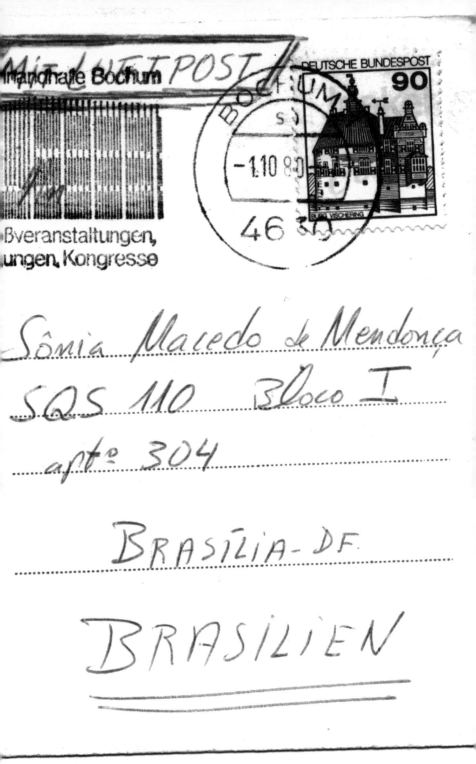

Sonia
ou da interrogação de
mim mesmo

O começo de todas as coisas
começa fora de mim
Talvez por isso
talvez por eu não ser Deus
as minhas mãos tremam
os meus lábios emudeçam
meus olhos não parem
quando penso na incógnita de mim mesmo
Se eu pudesse ultrapassar
todo o tempo que me resta
e ir esperar-me, a mim mesmo,
no fim do caminho,
talvez esta agonia,
este sabor de coisa destruída,
este pressentimento de angústia

que vive de minha esperança
como a parasita no tronco,
talvez eu mesmo
pudesse sossegar,
cerrar os olhos, dormir,
nem sonhar nem pensar.
Mas quando estou em silêncio
e os seus cabelos descem sobre as minhas pálpebras
como um suave véu negro
a eclipsar-me a vontade,
então eu me perco dentro dela
na doce busca
de uma salvação.

Sonia, como um passarinho

Vem, súbito,
saltita
e agita
e voa e revoa
e volta
e vai e vem
depois, os dois
a sós, nós
suavemente
sentindo a imensidão
que se desprende
em cada sonho
de um sono
que dormita
nos dedos
que afagam
um carinho
interminável
e então
se solta
saltita
e agita
e vai.

Tercio, Brasília

Só para você ler

O vento que sopra invade a alma como um suspiro.
A longa noite agita minha fantasia
e o sussurro trêmulo da folha da palmeira
ainda se ouve dentro de mim.
Os dedos colhem meus cabelos
num suave movimento de lembrança.
E a imagem da luz mortiça sobre o teu corpo
desce sobre meus olhos
como sombra e saudade.
A doce ternura do teu gemido
aquece os meus ouvidos
e incendeia meu coração.
Teus seios arfantes
meneiam como ondas
de um mar que cresce
na imensidade de um desejo infinito.
Os lábios que se entreabrem,
os olhos que se fecham
lançam sobre mim
o tumulto de um êxtase,
como se o mundo desabasse
no fragor de uma implosão.
Teu ventre se dilacera
no estertor de uma agonia

e eu me sinto tragado
para o fundo de todas as coisas.
Sonâmbulo, sem ar,
tateando os caminhos da tua pele,
a seiva vital desce de mim
num estremecimento supremo.
O mistério do amor se consuma
como um fogo que se apaga
mas não morre.
E o gesto lento de um braço que se desprende
traz-me o carinho das tuas mãos,
a paz do teu sorriso,
como se a eternidade estivesse principiando
diante de nós.

Tercio,
Brasília, 3 de agosto de 1980

No trem do metrô

Os olhos dormentes, pesados de sono, entreabrem-se, de vez em quando, golpeados pela luz repentina que corta a janela do trem. Já passam vinte minutos da meia noite. São 50, de Colônia a Bonn. Ainda falta algum tempo para chegar ao hotel. Lá fora o ar frio da noite sopra um vento gelado pela fresta da porta.

Vejo meus companheiros, adormecidos todos, cada qual em seu canto. Em seus lábios, o silêncio desenha um semi-sorriso de cansaço. Um deles estira as pernas sobre o banco da frente, buscando um conforto que é mais sonho que realidade. Outro se envolve com os próprios braços, procurando aquecer o corpo fatigado. Estação sobre estação, o trem do metrô vai devorando as distâncias, numa ânsia de chegar a algum lugar.

Penso, longamente, e não vejo nenhum fim para o meu caminho. Tenho um peso enorme sobre as pálpebras. Mas uma força invencível me faz ficar acordado. Talvez o medo de passar do ponto de descida, misturado com um desdém proposital pela desventura que nada significa, lança sobre mim uma expectativa, ao mesmo tempo, desinteressada e atenta.

Na verdade, estou longe, muito longe. Nem mesmo há espaço, ali onde me sinto. E o tempo, como uma correia dentada a passar pelas rodas, me arranca do fundo de mim mesmo o minuto que vai, o minuto que vem.

Lembro-me dela. E, num frêmito, meu corpo estremece, como se acordasse de um devaneio. Sua voz, seus olhos, sua boca, seus cabelos, seu corpo. "Querido", ouço-a dizer com ternura, enlaçando-me o pescoço, o lábio pronto para o beijo, os seios arfando de um desejo irreprimível. E então, num só ato, o doce enlevo de uma carícia, sem pausa nem pressa, os dedos correndo a tatear, ponto por ponto da minha pele, como se buscassem descobrir, em cada canto, a sensação da presença.

Mas não há presença. Só a luz que corta as sombras pelas janelas do trem. Estamos quase chegando. A esperança do dia que vem já é uma saudade do dia que foi. Meu caminho solitário está coberto de pedregulhos. Os pés afundam no chão, desequilibrando o corpo que marcha vigoroso. A noite terminou. O trem chegou. Nem mesmo a imagem esmaecida de uma lembrança permanente resta ainda nos olhos exaustos de sono. Seu rosto tem o traço fugaz do passado longínquo. O peito oprimido exala um suspiro de desânimo. Não, ela não está ali. E ainda demora a chegar a hora em que vou tê-la nos braços. O amor dói.

Colônia-Bonn, 5 de outubro de 1980

Sonia, querida

Às vezes tenho medo ainda de ser eu mesmo, na intensidade que desejo, com a espontaneidade que sinto. Como se uma voz, que vem do passado, me alertasse continuamente: "cuidado, o amor é um instante, a vida é um permanente desamor". Recuso-me a acreditar nisso. Racionalmente, repasso na memória todas as suas palavras, uma a uma das suas promessas. "Não", diz a sua voz, "o cotidiano não há de ser o rochedo contra o qual se despedaçará o nosso dia a dia". Não sei porque, mas creio em você. Não é a razão que me fala, é a intuição. Mas ainda assim, tenho medo. Queria que você soubesse que a doação que lhe faço de mim mesmo é infinita. Mesmo quando, no futuro, algum dia, você me sentir acomodado ao cotidiano, por favor, não me interprete erroneamente. Por favor. Saiba que há em mim um sentimento vigoroso de ternura, fortaleza e responsabilidade que constrói, inabalavelmente, a minha confiança na vida. Se isso, um dia, foi destruído, não há de ter sido por culpa intencional. Creia em mim. Creia nesta minha doação. Saiba, além disso, que não se trata de um sentimento romântico e ingênuo. Porque sei, de antemão, o que significam as contradições da vida. Não me iludo quanto aos possíveis insucessos. Estou consciente das dificuldades. Mas tenha certeza de que, se um dia – Deus me livre disso – se eu tiver que fazer uma opção, eu estarei sempre ao seu lado, porque creio na sua sinceridade e na pureza do seu amor. Tão forte é este sentimento dentro de mim que só mesmo um abalo muito violento, como o que sofri no primeiro casamento, poderá destruí-lo. E se isto acontecesse de novo, daí sim, eu não responderia totalmente por mim. Pois afinal, sou um ser humano, como qualquer um. Acho que você entende que quero dizer, porque sofreu algo semelhante. Pelo amor de Deus, acredite em mim como eu acredito em você. E se, por algum instante, no futuro, passar pela sua cabeça uma sombra de dúvida, diga-me, logo, para que juntos possamos refazer os caminhos.

Sei que tenho uma forte inclinação para acreditar nos outros. Não sou tolo, mas tenho consciência da facilidade com que posso ser enganado. Não diria que sou cândido, mas uma tendência irresistível me faz abrir a alma, quando confio e, ainda mais, quando amo. Hoje, não nego que confio desconfiado. Esta desconfiança, porém nada tem a ver com malícia. Não faço jogos nem vejo a vida como uma disputa de cartas, em que a sorte se alterna conforme a esperteza de cada um. Estou lhe revelando as mínimas partículas do meu ser. Confio em que você não há de abusar da minha sinceridade. Como sei que você já sabe que eu também não faria o mesmo em relação a você. Só peço a Deus que o encontro de nossas almas tenha como vencer as intempéries.

Não se preocupe com as afinidades entre nós dois. Elas existem, eu sei. E não se referem a questões de gosto ou de formação ou de cultura. São mais profundas as suas bases. Ambos somos ternos e cremos na ternura. Ambos cultivamos a delicadeza da alma e nela acreditamos. Ambos olhamos para o outro antes de olhar para si próprios e temos fé na generosidade. Ambos sentimos a responsabilidade de um compromisso, sem dele fazermos um contrato. Ambos sabemos que a vida não é um sonho, mas temos condições de percebê-la, intensamente, com toda a sua poesia.

Nossos corpos se atraem com uma força adolescente. Em nós dois, existe, cada vez, alguma coisa de telúrico. Sinto e você sente, em cada contato, a imensidão de uma descoberta. A frase de Hermann Hesse, que não me sai da memória, diz-me, porém, que "em cada começo existe sempre uma magia". E, de fato, mesmo nas estórias infantis, não há encantamento que nunca se acabe. Animais, um dia, se tornam príncipes. Príncipes sempre se tornam o que quer que seja. Na verdade, contos de fada não enganam: a estória sempre acaba quando está para começar. E as promessas do começo não são, necessariamente, o seu fim. Mas em tudo existe uma razoabilidade, muito humana, que nos faz viver. É a razoabilidade que sinto em seu pai, em meu pai, conjugada com a espontaneidade vital que sinto em sua mãe e em minha mãe. Esta referência às nossas famílias não é casual, mas pretende significar uma parte importante do que fomos, do que somos e do que terminaremos sendo. Esta última observação não se refere a todos os homens, mas especialmente a nós dois, do jeito que somos.

Soninha, amor: eu só queria, nesse momento, tocar o seu rosto com os meus dedos, cobrir seus olhos, depois os seus lábios e então os seus seios, o seu ventre com beijos ternos que ambos sabemos sentir. Depois enlaçar seu corpo num abraço infinito. E aí deitar-me sobre você com a força e a intensidade de um amor incontido. Incontido na sua pureza, na sua candura, na sua sinceridade, mas também na sua virilidade, no seu descontrole mágico, na sua tensão que respira fundo, transpira, estremece, atordoa incomensuravelmente. Ser, com você, um só, em cada momento, uma eternidade.

Por favor, guarde esta carta. Que ela seja, para você, o testemunho não do meu amor, mas da minha lealdade. Pois a lealdade pede testemunhos, posto que é humana, enquanto o amor basta a si mesmo, posto que é divino.

Muitos e muitos beijos,
Tercio

Menininha

Vi o cartão e pensei em você. Estou no aeroporto de Frankfurt, esperando a conexão para Colônia. A viagem mal começa, mas é como se já estivesse há um ano longe de você.

O vôo foi tranqüilo. Dormi pouco, umas três horas. Foi o suficiente. Até agora nada aconteceu. Esta espera, de um vôo para outro, é irritante. Fico pensando num tempo perdido, perdido longe de você. Soninha querida: eu amo você, mais do que você pensa. Muito mais. É como se a distância me revelasse a medida e a intensidade do amor. E não é paixão. É tranqüilidade de alma.

Beijos muitos,
Tercio

Frankfurt, 28 de setembro de 1980

Oi amor!

Puxa! Há quantos anos eu saí do Brasil? Isto aqui está uma doidice. Os alemães fizeram um programa louco. Não dá nem para respirar. Hoje quase perdi o ônibus porque tive que ir ao banheiro!

Já é tarde agora. Viajamos a noite toda. São 3 horas da manhã. Chegamos às 2 horas. Amanhã levanto cedo para passar um texto para a Folha. Agora estou adormecendo, pensando em você.

Nos seus cabelos longos, sobre os meus olhos, sua voz doce e terna me chamando "querido", como só você sabe. Saudade. Muita saudade. Logo estamos juntos.

Um beijo,
Tercio

29 de setembro de 1980

Soninha querida

Estou num restaurante, com 2 brasileiros e 2 portugueses. Rebelamo-nos e saímos para jantar! Haviam nos dado um sanduichinho e disseram que era tudo. Mandamos os alemães às favas e fugimos do comício a que deveríamos assistir.

Às vezes olho a noite cinzenta, o frio que gela o corpo e a alma, e me aqueço na doce lembrança do seu rosto.

Sonia, eu não precisava do tempo e da distância para saber quanto sinto falta de você.

Ao contrário, foi o nosso cotidiano semanal que me abriu os olhos e me faz palpitar no coração essa saudade doída que não acaba.

Beijos muitos,
Tercio

30 de setembro de 1980

Oi Sonia querida!

Hoje já é primeiro de outubro. Está longe ainda do dia 12, mas cada dia que passa é um dia a menos. Estou na praça desta cidadezinha ouvindo um comício. Faz frio, estou de capa. Mas para aquecer o frio que vai aqui por dentro só mesmo aquele calor que senti no seu rosto, naquela segunda-feira de abril.

Sabe, amor, há dentro de mim um imenso carinho, reprimido por tanto tempo, que eu quero dar a você. Lembranças a seus pais, um beijinho nas crianças. Tenho lembrado delas, olhando vitrines de brinquedo.

Para você, um beijo longo e apaixonado como vou dar quando aí chegar.

Tercio
1º de outubro de 1980

Oi, amor!

Estou numa lanchonete, em Bonn. Acabei de passar minha segunda matéria para o jornal.

Agora estou com um companheiro, à solta. Com a desculpa do jornal, arranjei um jeito de escapar da excursão da tarde. Ninguém agüenta mais o ritmo alemão.

Sonia querida: falava com meu companheiro sobre nós dois e ele me perguntou se, num segundo casamento, não havia mais poesia, encantamento. Garanti a ele que, ao contrário, desta vez há mais do que nunca. Meus olhos brilharam. Ele olhou para mim e disse: saudade?

E eu respondi: se pudesse, voltava agora mesmo para o Brasil.

Se eu pudesse estender meus dedos e tocar de leve os fios dos seus cabelos, já me bastaria para sufocar essa saudade dura de roer.

Beijos e beijos,
Tercio

Bonn, 2 de outubro de 1980

Sonia querida:

O tempo marcha devagar, mas vai passando. Quero que você saiba e tenha certeza: de conferência em conferência, de reunião em reunião, de comício em comício, momentos há que meus pensamentos voam longe, como se eu não estivesse ali presente. E aí, é a sua figura, a sua voz, o seu jeito terno e meigo que me dominam. E quando volto à realidade por tempo ainda é como se você continuasse ao meu lado.

Saudades, muitas saudades e um abraço apertadinho.

Tercio
Bonn, 3 de outubro de 1980

Querida:

Não faltam 14 dias. São mil e uma noites que nos separam. Cada minuto é uma eternidade. O tato sensível da sua pele queima nos meus dedos uma saudade imensa. Aquele abraço apertado que você me prometeu me enlaça fortemente. Prendo a respiração e um suspiro exala, quando acordo, com a voz da comissária informando que estamos sobre Genebra e que a temperatura em Frankfurt é de 11° graus positivos. Minha Sonia teria tanto frio, é o meu primeiro pensamento. E a sua imagem, de repente, debulha nos meus olhos uma lágrima, nostálgica, melancólica, que brilha, rola e cai, inundando de saudade o meu coração.

Sonia me ama, mesmo "numa terra distante"

Cabelos escuros como Esmeralda.
Passos leves como uma bailarina, seu coração canta e me encanta como a flor da macieira no "país do sorriso". E então, fundo e profundo, o sonho me desperta tão longe num lugar estranho.

De repente, nós dois, numa grande sala, "um convite à dança".

Alegria, emoção, comoção e então um sentimento de fragilidade e força arrebata minha alma num rodopio sem fim.

Dois corações num compasso ternário.

Feche os teus olhos, senhora de minha alma.

Repousa dentro de mim como um instante da eternidade.

Amor:

São 5 horas da manhã. Mas o Sol que despontou no horizonte faz-me ver que o tempo passou mais depressa que os ponteiros do relógio. Na verdade, já são 9 horas. Desde que saí de casa não tive outro pensamento senão o da minha volta. Pela primeira vez na vida, viajo para a Alemanha com uma ansiedade inversa: é a chegada em Brasília que excita minha imaginação.

Na verdade, ouvindo música, às vezes dormitando ou olhando a Lua no céu escuro, era sua voz, doce e terna, seus olhos semi-cerrados de paz e tranqüilidade, sua alma alegre como uma criança, que estavam diante de mim. Amor, eu preciso de você tanto quanto você de mim. A intensidade do sentimento que me assalta deixa minha mente inebriada. Só penso em você.

Mil beijos
Tercio

In the air, 28 de setembro de 1980

A bolsa, com todo carinho, é para você. E isto é um presente para mim...

Tercio

Para Sonia

Há um Natal
que cobre de musgo
o desencontro e a amargura.

Os rostos que se conhecem
falam por sobre os olhos
de uma ternura que foi quase esquecida.

Sobre as ruínas da solidão
o amor cresceu como um jardim.
Na flor que nasce,
o silêncio desta noite
recolhe a gota de orvalho
que sobrou de um pranto interminável.
O lábio que sussurra
é uma aragem tímida
que verga a haste delicada.

E no lábio pronto para o beijo
minha alma juntou-se com a dela
como se nunca
se houvessem separado.
...
Por que não nasceram juntos?

Tercio
Natal de 1980.

17/X/83

Amor:

Há três anos você me fez renascer.
Há três anos a vida tem sentido.
Há três anos o futuro está coberto
de expectativas.
Há três anos o passado se iluminou
e me fez pensar que toda a existência foi
uma espera de você.

Tercio

Amor,

eu queria te dizer
infinitas verdades imensas,
eu te amo, eu te amo,
eu te amo, eu te amo,
eu te amo, eu te amo,
eu te amo, eu te amo,
eu te amo, eu te amo,
eu te amo, eu te amo,
eu te amo, eu te amo,
eu te amo, eu te amo, eu...

1980

Sonia:

Eu olhei para trás
e vi o passado
como a fumaça que se esfuma
de um cigarro apagado.
E tive, claramente,
a percepção do futuro
como um processo
de prazo indefinido.
E a sensação,
quase uma premonição,
mais um desejo,
forte e incontido:
amor,
eu quero envelhecer
ao seu lado.

Tercio
1980/1981

Querida:

Leia a "Arte de Amar". Se o Manuel Bandeira tem razão, então o nosso amor é mais do que humano, tem algo que transcende o mundo.

Espero que o seu 1º dia não lhe tenha trazido aborrecimentos.

Um beijo e até a noite.

Tercio
13 horas
(estou saindo às pressas! ...)
1981

Querida:

Você é uma mulher maravilhosa.
Eu amo a garotinha que se esconde,
entre atrevida e cheia de candura,
no seu riso largo e generoso.

Eu amo seu desprendimento delicado
que se volta primeiro para os outros
ainda que lhe custe
tensão, angústia, agonia.

Eu amo sua dedicação aos filhos
que faz de você
a mãe que todos querem
e poucos têm
e quando têm
não percebem.

Eu amo o seu amor de filha,
que supera o tempo, a distância e a morte
e é possível mesmo na eternidade.

Eu amo sua candura
que se volta em ciúmes
que se volta em lágrimas
que se volta em amor
que se volta em candura.

Eu amo o seu cuidado
comigo,
com minha mãe,
com sua sogra,
com minha tia,
como foi
sempre
com meu pai.

Por favor,
pelo amor que eu lhe tenho,
não me desampare,
não fuja de mim.
Fique comigo.
Até o fim.

Tercio

P.S.

P.S.: Antes que eu me esqueça,
eu amo você.
por sua sensualidade,
por sua feminilidade,
por você ser
a mulher mais fantástica
que jamais existiu.

PS.PS.: Esqueça o que eu escrevi.
Eu amo você, não importa o porquê!

Há muitas sombras na minha vida.
Onde a luz aparece
logo se faz escuro.
Como se não pudesse haver
uma coisa sem a outra.
Há um sentido de mistério em sua vida.
Onde o sorriso desponta
logo se faz uma lágrima.
Como se não pudesse haver alegria
em que faltasse tristeza.
Minha alma transcende a mim mesmo.
Às vezes ainda me vejo buscando...
como se o fundo das coisas
me arrancasse você de mim
para um fim.
E então retorno
na imagem perdida
da sua lembrança,
para um tempo que não existe,

mas que eu sonho
louco,
como se fosse possível
numa noite,
um abismo e uma eternidade.
Os rios correm para mim.
Mas há uma sede insaciável
que me resseca a garganta,
racha meus lábios
e me faz torcer,
sobre mim mesmo,
como uma folha
lançada no fogo.

Tercio
1981.

Medo

Medo
medo que viesses
por esta tarde longa
de um céu esbranquiçado
de forte calor
com teu corpo de sol
e os teus olhos longe
a murmurar sonhos
nos meus ouvidos desabituados

Medo
medo de te ver novamente,
com teu corpo de sol
e longe os teus olhos
nessa mesma tarde longa
de forte calor
e de um céu esbranquiçado,
a murmurar sonhos
nos meus ouvidos desabituados

Medo
medo de ti,
do teu corpo de sol
nessa tarde longa,
dos teus olhos longe
no céu esbranquiçado,
dos sonhos que murmuras
nos meus ouvidos desabituados

1981.

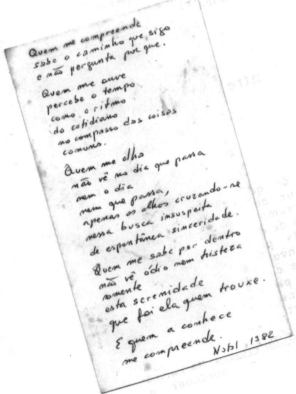

Sonia:

Vaguei nas ruas,
no compasso descompassado
de uma busca sem horas.

Vi nas luzes opacas
a presença das sombras
que chegavam.

E no rumor dos homens
que me desconheciam
senti a distância dos desafetos.

De repente
do fundo deste nada
o teu encantamento
enfeitiçou meus olhos
de uma esperança.

Não há dor, não há tristeza.

Apenas um contínuo esboço de formas
os traços iniciados
de um desenho inacabado.

> E a magia do teu amor
> lançou sobre mim
> uma arte desconhecida:
> pois da vida que tu não tinhas
> tiraste a vida que tu me deste.
>
> Tercio
> Natal de 1981

A aventura do amor
corre pelos nossos dias
como um carro sem freios
numa estrada sem limites.

Mas a angústia do abismo
que ninguém vê
persegue a distância
que ninguém vence.

Quero comandar o tempo,
fazer do verso o reverso
e viver a vida toda
com o vigor da vida inteira.

Quem me compreende
sabe o caminho que sigo
e não pergunta o porquê.

Quem me ouve
percebe o tempo
como o ritmo
do cotidiano
no compasso das coisas
comuns.

Quem me olha
não vê no dia que passa
nem o dia
nem quem passa,
apenas os olhos cruzando-se
nessa busca insuspeita
de espontânea sinceridade.

Quem me sabe por dentro
não vê ódio nem tristeza
somente
esta serenidade
que foi ela quem trouxe.

E quem a conhece,
me compreende.

Natal de 1982

Amor:

S empre achei que você merecia um anel de grau. Afinal, bacharel em Brasília, sem anel, tentando inscrição suplementar na OAB-SP, é mesmo muito difícil.

Beijinho,

Tercio
1982

Sonia

Um presente é um elo de união.
Tem um pouco de quem dá
tem um pouco de quem recebe.
Chopin é você, com sua alegria,
o rosto de criança, a alma saltitante
num coração de mulher.

Stravinsky é como eu vejo
o seu sonho, da aventura romântica
perdida na distância dos lugares
e na longitude dos paralelos,
no mistério de um povo
cheio de mistérios.

Nat King Cole é o pouco de mim
do meu sonho de adolescência
que encontra em você
a mais completa realização
como eu nunca pude imaginar.

Tercio
23 de maio de 1983

Amor:

Há três anos você me fez renascer.
Há três anos a vida tem sentido.
Há três anos o futuro está coberto de expectativas.
Há três anos o passado se iluminou e me fez pensar que toda a existência, foi uma espera por você.

Tercio
17 de outubro de 1983

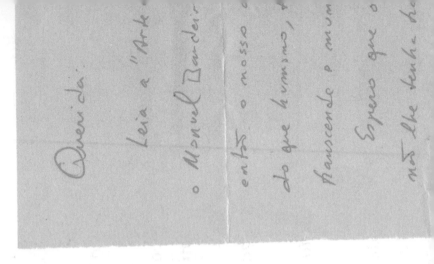

Há o Natal das vacas gordas, cheio, abundante, esperançoso.

Há o Natal das vacas magras, minguado, pensativo, pessimista.

Mas há engano também nas vacas gordas e nas vacas magras.

E o pior engano está em trocar abundância por plenitude, escassez por falta.

Nem sempre quando há escassez, falta. Nem sempre quando há abundância, sobra.

A plenitude está dentro de nós, quando sabemos nos encontrar.

Eu creio na plenitude que vive em mim no meu encontro com você. Na abundância não nos sobra nada. Na escassez não nos falta nada. Não há vazio nem desbordamento. Somos plenos um no outro, um com o outro.

Lá se vão quatro anos. E é como se estivéssemos começando.

Porque para a plenitude, o tempo não conta, posto que nada se tira, nem se acrescenta. Quem vive o que nós vivemos, cada dia, cada hora tem algo de eternidade. Por isso, talvez, só quem ama com intensidade é capaz de crer no absoluto.

Amor, receba na singelez deste livro, que é um bem impalpável, não dimensionado, um pálido reflexo da plenitude que faz de nós um só.

Tercio
1983

Sônia:
Vaguei nas ruas,
no compasso descompassado
de uma busca sem horas

Vi nas luzes opacas
a presença das sombras
que chegavam

E no rumor dos homens
que me desconheciam
senti a distância dos desafetos

De repente
do fundo deste nada
o teu encantamento
enfeitiçou meus olhos
de uma esperança.

E a magia do teu amor
lançou sobre mim
uma arte desconhecida:
pois da vida que tu não tinhas
tiraste a vida que tu me deste.

Teresina   Nob/1981

Se o tempo voltasse
meus olhos te olhariam
com a gula de um amor inesperado.

Mas como o tempo não volta
sigo os teus passos
com os olhos perdidos
num horizonte que não chega.

Se o tempo voltasse
a ansiedade de hoje
seria a esperança de ontem.

Mas como o tempo não volta
a ansiedade é um ponto indefinido
numa linha que se perdeu.

Se o tempo voltasse...

Seis anos faz... sete natais

Tua mão se desprendeu
como num gesto de adeus
E na sombra
e na luz
teus olhos me olharam
como uma esperança
que se desfolha
antes do outono...

Tercio
1979/85

As "coisas" que você faz têm
aquele calor que merece
ser conservado...

Um beijinho,
Tercio

12 de junho de 1984

Amor

Aí estão algumas das flores que fomos colhendo em nosso cotidiano. Pois ele tem sido feito de rosas e até as pedras você tem sido capaz de transformar em flores.

Obrigado. Desta soma de gratidão e amor vai ficando, no fundo da minha alma, envolvente, maravilhosa, esta paixão que não se consome nem se acaba: cresce do fogo que me arde.

Um beijo por este.
17 de outubro de 1984

Sonia:

Bem plantada, bem cuidada,
não perde o viço
e floresce para sempre.
Como este amor de cinco anos.

Tercio
17 de outubro de 1985

Amor:

AMARELO?

Só você gosta dele.
Só ele gosta de você.

Tercio
12 de junho de 1987

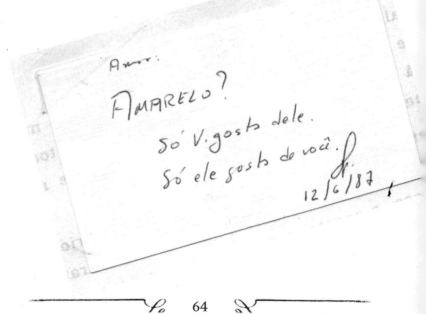

Aniversário de casamento

"Flores? Mais uma vez flores..."
terá ela de pensar.
Mas eu lhe direi no entanto
que foi apenas de flores
que se fez o nosso altar.

Para Sonia
De Tercio
17 de outubro de 1987

Amor:

Nós temos muitas datas para lembrar; na verdade o nosso dia a dia é um momento de eterna lembrança. Obrigado por ele e pelos que virão.

Tercio
16 de abril de 1987

O nosso amor é como um grande amor: tão intenso como se estivesse principiando, tão tranqüilo como se não acabasse nunca.

Tercio
17 de outubro de 1987

Quantas flores representam o nosso amor! Estas são você: tranqüilas, permanentes, duradouras e cheias de luz, que me enfeitam a vida inteira.

Tercio
17 de outubro de 1987

Aos oito anos...

Sonia:
Se eu fosse dono do tempo,
mandava o tempo parar.
Para que o tempo a seu lado
nunca pudesse acabar.

Tercio
17 de outubro de 1988

Quadrinha dos 8 anos

Teus olhos são dois enigmas,
mistérios pra quem te quer.
Do amor que te faz menina,
o ardor que te faz mulher.

Tercio
23 de maio de 1988

Cotidiano

Não há prata nem ouro.
Sobre a mesa, o café descansa sua amargura.
A louça traz, nas bordas, o trivial florido
de um colorido opaco.
O suco, o queijo, o pão.
Há sempre frutas.
As vozes que povoam a manhã
ecoam como as vozes de todas as manhãs.
O gesto, o olhar, a palavra, o som.
O que acontece de dia
acontece todos os dias.
O trabalho se conduz pelas horas
como um relógio de ponto.
E a tarde corre, sem calma, sem pausa,
na agitação irritadiça da cidade grande.
A noite esconde, na festa,
o encontro, o riso, a sombra, o cansaço.
O sono da madrugada
é fumo que se extingue

de um cigarro apagado.
E o despertador que desperta
repõe no telefone, no fone, na voz,
o ruído intermitente do tráfego ininterrupto.
No dia que vai, no dia que vem,
o amor é uma história antiga
que só as crianças ouvem
e só os puros entendem.

1989

Sonia:

Pensei num presente
o dia todo.
Teu retrato
em cima da mesa,
sorria silencioso.
Havia um mundo
de coisas.
Por ansiedade
ou por aflição
eu queria
te dar o mundo inteiro
Teus olhos,
porém, me diziam
que sejam apenas flores.

Tercio
12 de junho de 1989

O bracelete

A lembrança de um dia
concentra
num gesto
dez anos

Um grande amor
revive em mim
porque é simples e belo
aquele instante

Perdão se me trai o gosto
apenas
pensei em ti

Tercio
13 de junho de 1990

7 anos

Teus olhos ainda brilham
Os risos daquela noite.
Os anos se passaram
e nós ainda nos amamos.
Com todos os protocolos.

Tercio
1991

Onze anos

O tempo que passa
cobre de esquecimento
a memória do cotidiano.
Mas...
O tempo que passamos juntos
recobra a memória dos dias...
entre um sonho e outro,
um desvanecimento.
Aliás...
Sua presença a meu lado
recria em mim
de instante em instante
plenitude e perenidade.
Assim...
O tempo que passa
nem parece
feito dos tantos dias
que a gente esquece.

Tercio

Oi amor,
meu docinho,
receba o que me
vem do coração
para o 17 de outubro de 1991

Tercio

Amor

Aí estão algumas
das flores que fomos
colhendo em nosso cotidiano.
Pois ele tem sido feito
de rosas e ak'as
pedras V. tem sido capaz
de transformar em flores.
Obrigado. Desta
soma de gratidão e

Sonia

Ardente, como a chama,
que volve e revolve
sensível, como a pétala
da orquídea,
que não resiste à luz.
Forte como o vento,
que arrebata.
Doce, como a criança,
cheia de mimo.
Assim, o amor-ciúme,
que faz de ti
sonho e realidade.

Tercio
23 de maio de 1991

12 anos

Vejo nos teus olhos
a sombra dos anos
a cobrir os sonhos,
a encher de agonia,
o futuro que ninguém quer

Vejo na tua boca
um resto amargo
que trai um sorriso
teimoso e persistente

Vejo nos teus cabelos
a tintura que se desmancha
e os leves fios de prata
que se enrolam
em curiosos caracóis

Não deixe, amor,
que a angústia do tempo
destrua a vida
que te inunda como um oceano.

Para Sonia, sempre e sempre.

Tercio
17 de outubro de 1992

37 anos

O encanto do mar
entrando pelos teus olhos,
o sol doirando a tua alma
de uma cor infinita,
a alegria de te ver,
feita de areia
como um castelo
que se derruba,
feliz,
nas escumas
do mar.

Tercio
1993

Para o meu amor,
Sonia,
desde 1980.

Doze anos depois

Olho os meus cabelos ralos
na imagem irrefletida dos teus cabelos longos;
e vejo na contra-luz do tempo
a silhueta indefinida de uma velha sombra.

Não há dor, não há tristeza.
Apenas um contorno, um esboço de formas,
os traços iniciados
de um desenho inacabado.

A aventura do amor
corre pelos nossos dias
como um carro sem freios
numa estrada sem limites.

Mas a angústia do abismo
que ninguém vê
persegue a distância
que ninguém vence.

Quero comandar o tempo,
fazer do verso o reverso
e viver a vida toda
com o vigor da vida inteira.

Não deixes que meus dias corram
mais rápidos que os teus!
Não me faças sucumbir
como uma pedra no fundo de um lago!

Aquece o meu outono
com uma lareira de inverno
e deixa no meu corpo
um ardor de estio.

Junta a tua mão na minha
e cobre comigo
a distância que nos separa:
num instante só, todos os instantes.

E dize sempre nos meus ouvidos
como se nunca me houvesses dito
aquelas doces esperanças
de dois simples namorados.

Para Sonia,
feita de ciúmes,
com amor,
feito de mim

Tercio
12 de junho de 1992

Natal, 1992

Ela pôs
como sempre
a toalha azul sobre a mesa.

Um pinheiro, pequeno,
adornado de seu verde,
coberto de pequenas peças,
rubras e brancas.

Três figuras,
ternamente juntas,
compunham o presépio.

E a noite desceu
cobrindo o céu
de um longo e escuro silêncio.

As crianças, porém,
que olhavam, gulosas,
os presentes espalhados
não eram mais crianças.

E a ceia,
preparada por ela mesma,
escondia um mistério,
teimoso e despercebido.

O tempo que passa
parece às vezes
um vento furioso
que sopra violento
as árvores do entardecer.

E então
sua alma de criança
busca assustada
o aconchego de mãos,
como conchas,
em oração.

Vem, querida,
que o amor
não deixa o tempo passar
nem o Natal,
o vento soprar.

E olha,
que surpresa!
Papai Noel,
vestido de Arlequim
vem beijar,
docemente, Colombina,
como se fosse até
um Pierrot apaixonado.

Tercio

Perguntaram a ele
por que era tão feliz.
Ele sorriu.
Depois,
como se não refletisse,
mas deixasse irromper,
de dentro,
um sentimento incontido,
falou: eu a amo!

Para Sonia
16 de abril de 1993

Sonia ouve o órgão em S. Tomás de Praga

A música desce
em torno de anjos pintados
na cúpula barroca,
como água
de uma fonte.

Um brilho de luzes,
mil castiçais refletidos
num Cristo de cristal.

A cruz de ouro
brota do abismo
como se fora
um infinito
que se aproxima.

E dos seus olhos
vem uma noite
como as sombras adormecidas
da catedral silenciosa.

Tercio

13 anos

Se eu soubesse,
não teria deixado
os anos passarem
como um rebanho de ovelhas
que ninguém conta.

Teria guardado,
ciumento e zeloso,
o tempo inteiro,
como a última gota
de um perfume precioso,
que não se desprende do frasco,
só para mim.

De Tercio,
Para Sonia

17 de outubro de 1993

O espelho da Branca de Neve (não da bruxa)

O seu quadro-espelho está reservado neste endereço. É só passar lá e levar. Mas, por cautela, desta vez, ele não veio. Só ficou reservado. Ele, ou outro que lhe pareça mais bonito.

Tercio, nos 37 anos.
1993

Dez Anos

Não há barreiras
ou esteiras
que cubram de areias
o vai e vem secular
das vagas deste mar.

No cotidiano das flores
um mundo de sem sabores
se cobre do odor de rosas.

E os botões do crepúsculo
se abrem sem escrúpulo
ao sol do amanhecer.

Para Sonia,
Tercio

Nos teus 38 anos

Teus passos nas areias que são tuas
se apagam no vagar das ondas
como pesadelos
que a imensidão que é tua
afogou no mar

E teu corpo neste sol que é teu
cobre-se do calor do estio
como sonhos
que esta brisa doce
vem debruar na areia

Tercio
1994

Amor:

Quero o relógio parado,
para cada minuto,
uma eternidade,
Pois não são quatorze anos,
são quatorze rosas rubras
de felicidade.

Tercio
17 de outubro de 1994

Namorados desde sempre

Eram dois que era um
ou era um que eram dois?

Quando Deus os criou
não se sabia muito bem.

Mas é certo que depois disso
quase sempre quem os via
via os dois como se um só fossem
e via cada um
como se fosse os dois.

Para Sonia

Tercio
12 de junho de 1995

Aos 39 anos

Quem sabe, nestes anos todos,
não foram dúvidas que lhe deram ciúmes,
mas ciúmes que lhe deram dúvidas?

Quem sabe, nestes anos todos,
não foram lutas que lhe deram forças,
mas forças que lhe deram lutas?

Quem sabe, nestes anos todos,
não foram flores que lhe deram risos,
mas risos que lhe deram flores?

Quem sabe, nestes anos todos,
não foi a vida que lhe deu amor,
mas o amor que lhe deu vida?

Tercio
23 de maio de 1995

12 anos

No amor de tantos anos,
o tempo fez da memória
um turbilhão de lembranças,
uma experiência ansiosa
que é sempre igual e sempre nova.

No amor de tantos anos,
seus olhos de tantos ciúmes,
sua boca de tantos beijos
são desejos sem medida
na medida do seu ardor.

Mas na voz que vem de mim
a meiguice da sua ternura
me faz dizer com candura,
você é sempre assim.

Tercio
1996

Seis anos faz... sete natais
Tuas mãos se desprenderam
como num gesto de adeus
E na sombra
e na luz
teus olhos me olharam
como uma esperança
que se desfolha
antes do outono...

     Tercio 1979/85

Sonia;

Com todo carinho que você merece, por
tudo o que sempre foi...

"Nothing in between"

*H. Arendt, explicando
o que é o amor*

Não fale.
Os lábios, unidos, não precisam de palavras.
Basta a umidade que os cobre
e se espalha
como um calor denso e macio.

Não ouça.
Faça do mundo
um ruído que ensurdeceu
e deixe o silêncio
penetrar-nos a alma
como um vazio cheio de plenitude.

Sinta o perfume
da intimidade que envolve
como uma flor que exala
de dentro de si mesma.

Cerre os olhos.
E deixe que as mãos corram pela pele
com um frêmito interminável.

E o tempo que passa
será como um instante de paz
que não tem fim.

Para Sonia,
meu amor,

Tercio
Natal de 1996

Benzinho:

Deixou-me o coração apertado o seu rostinho no vidro da porta do elevador. O que lhe disse a respeito do carro não é para deixar você com a tensão da culpa, da dúvida e da promessa já prometida. Foi infeliz de minha parte, na sua saída, sofrendo as dores que você está sentindo, tocar tão fortuitamente naquele assunto.

Fique tranquilinha. Foi apenas um comentário. Entendo perfeitamente o outro lado da questão. Afinal dá pena vê-lo com habilitação e sem carro num fim de semana prolongado. Portanto, sinta-se tranqüila. Apóio, como sempre apoiarei, todas as suas decisões.

Com muito amor, sempre,

Tercio
4 de abril de 1996

Dia dos namorados

Um dia que não tem princípio.
Que marca o tempo por instantes sem fim.
Que nada diz.
Apenas bate ligeiro como um pulso arrítmico.
Um dia sem ontem nem amanhã.
Que se enlaça como um beijo.
Unindo os lábios num só.
Um dia de dois que são um.
Um dia de um que são dois.
Que tem o frescor das idades
em todas as idades.
Um dia que se namora.
A toda hora.
Que ora de mãos postas
ao amor de sempre.

Para Sonia

Tercio
1996

Sonia, nos seus 40 anos

Como um traço desenhado,
os lábios se abrem,
num riso,
expansivo e reservado.

Uma sombra madura
sempre lhe cobriu
o rosto da alma
de uma culpa reprimida.

Como se a vida soubesse,
desde sempre,
que o espírito lhe nascera
para ser fibra e amor.

Mas num dia do tempo,
que o tempo marca
como um caminho no meio,
seus olhos se enternecem,

agora e ainda,
de uma criança
que não se perdeu.

Com carinho e amor,

Tercio
23 de maio de 1996

Paradoxo

Não pense que os anos todos
que se passam num instante
resumam as alegrias
na alegria de um instante.

Foram anos de alegrias
contidas em muitos instantes,
instantes de muita alegria
no correr de tantos anos.

Como um beijo que se troca,
fugaz no instante vivido,
os anos que se foram
guardam de todos os dias
a emoção dos lábios tocados.

E como o arrepio que se segue
aos lábios que se desprendem
resta de todos os dias

a memória de tantos anos,
mas como se todos fossem
a memória de um só instante.

Para Sonia ler e guardar.

Tercio
16 de abril de 1997

Manhã de 17 de outubro

Deixei-a num sono de sombras
que sorriam nos seus lábios
a malícia de uma criança.

Furtei-lhe um beijo.
E vi-lhe subir às faces
um rubor despreocupado.

Um leve movimento, das mãos,
parecia-me alcançar
como um doce apelo.

Mas logo o fundo da alma
arrebatou-lhe o corpo
recolhido como uma concha.

E como um marulho de vagas
um suspiro estremecido
adormeceu-a de novo.

Para Sonia

17 de outubro de 1997 – 17 anos,
Tercio

Sonia

Você já sabia.
Talvez já esperasse.
Sempre os versos,
a sombra oblíqua
da monotonia.

O que você não sabe
é que o amor em nós
vem florindo
como duas tulipas
neste ermo tropical.

Cresce avulso
como algo sem par
e por isso
esconde
na sombra oblíqua
uma intensidade
que não morre.

Tercio
23 de setembro de 1997

Para Sonia, no dia 12 de junho de 1997

Não pense que neste dia
a sombra de tantos anos
lance sobre o amor
a mesmice do cotidiano.

Pois quem ama neste dia
ama todos os dias
com a alma exuberante
de um jovem enamorado.

E neste dia como em todos
a luz de cada dia
se derrama sobre mim
como o amor principalmente
de um louco apaixonado.

Tercio

Sonia

Não quero ver essas sombras
que te cobrem
como nuvens de tempestade.

Nem quero ver esse brilho
como relâmpagos
no escuro.

Quero o teu riso
que deita sobre mim
paz e alegria
desde que te amei.

Tercio
16 de abril de 1998

9 Children's Corner
Kinderstunde

1. Teil/Part 1

Pinocchio
Mary Roos
Polydor

Walt Disney
"Pinocchio"
nach dem Buch von A. Collodi
Erzähler: Georg Thomalla
Disneyland

2. Teil/Part 2

"**The Legend Of Knockgraften**"
Read By Cyril Cusack
Caedmon

"**Atlanta**"
Alan Alda & Marlo Thomas
Arista

Grandma
Diana Sands
Arista

Girlland
Jack Cassidy & Shirley Jones
Arista

Dudley Pippin And His No-Friend
Glad To Have A Friend Like You
Marlo Thomas
Arista

10 Jazz

Big Band – Swing – modern
Am Mikrofon: Elfie von Kalckreuth

Stratosphäre
Seht her
Erwin Lehn Bigband

These Foolish Things
East Of The Sun
Scott Hamilton, Tenorsaxophon
Concord

Someday My Prince Will Come
Herbie Hancock & Chick Corea,
Klavier
CBS

The Cutting Edge
Sonny Rollins, Tenorsaxophon
McCoy Tyner, Klavier
Ron Carter, Baß
Al Foster, Schlagzeug
Milestone

A Jazz Tune I Hope
Albert Mangelsdorff, Posaune
Wolfgang Dauner, Klavier
Eddie Gomez, Baß
Elvin Jones, Schlagzeug
MPS

Gone With The Weed
Yin

17 de outubro de 1998

Não há lagrimas em teus olhos.
Nem o sorriso,
que encanta os teus lábios,
tem ressaibos de amargura.

Teu rosto brilha
como um triunfo de alegria.

Mas o amor que te sabe
despe o teu rosto
de uma tristeza impudica.

E faz de tantos anos
a força de uma vida.

Um esposo apaixonado.
Tercio

Sonia do mar

Não há verde nos seus olhos
nem é branco o rendilhado
dos cabelos que lhe caem
sobre os ombros

Seu riso solto
como chocalhos ao vento
não tem o timbre morno
das vagas sobre a areia

Nem seus sonhos se desprendem
como conchas coloridas
nas mãos de uma criança
descuidada

Mas o amor
de que é feita sua alma
resplende como um sol
na imensidão do mar.

Tercio
23 de maio de 1998

Por que, no olhar brilhante,
a sombra embaçada de uma tristeza?

Por que, no lábio carmesim,
um ressaibo escuro de amargura?

Por que, no rosto translúcido da meninice,
a opacidade endurecida da maturidade?

Por que, na voz cristalina da criança,
a rudez engasgada do sofrimento?

Por que? Pergunta minha alma aflita.
Por que? Indago, sem rumo,
na busca angustiosa
de quem não sabe o que buscar.

Só meu coração apaixonado
nada pergunta nem procura.

Para Sonia, querida

Tercio
16 de abril de 1999

O anel no dedo,
a argola que prende
o amor que liberta.

Para Sonia
23 de maio de 1999

Para Sonia

O tempo nos cobre
de um ponto infinito
no percurso de uma vida.
E os dias que são anos
e os anos que são horas
confundem num instante
a promessa consumada.

Vou olhar para você
como se o tempo todo
fosse um botão de rosa
que não se abre
mas traz sempre o frescor
de quando tudo principiou.

Tercio
Aos 19 anos
Ilha Bela, 17 de outubro de 1999

Para Sonia

Eu pedi uma família.
Aquela que você me deu.
Feita de ilusões, como
são os sonhos de criança:
pedaços de realidade,
da única que existe.
Se o tempo voltasse
eu queria aquele Natal
que vinte anos faz.
Que deixou seus olhos úmidos,
e um anseio de amor
que não se acaba mais.
Mas como o tempo não volta,
quero a família que é minha
num tempo que nunca acabe.

Tercio
Natal de 1999

Querida

O gesto de amor
é ainda e apenas um gesto.

O amor no gesto
partilha com o gesto
o gesto de amor.

A flor é um gesto.
Não é amor.

Mas na flor
o amor
fala de amor
mais que o gesto.

Tercio
16 de abril de 2000

O anel de noivado

O amor no anel
é uma volta sem princípio.

Um anseio de tudo,
envolto em voltas,
que retorna ao principiar,
principia ao retornar.

O anel de noivado,
é um anel da noiva
e dela só.

Um sonho sobre si mesmo
que apenas começa,
nunca termina.

Para Sonia

Tercio
23 de maio de 2000

O gozo do gozo ou retrato de uma leitora ávida

Olhos que vêem como dedos,
que deslizam sobre o texto
com o tato aquecido de emoções.
Cores tornadas febre,
desejo incontido
de um saber esculpido com ruínas
de uma pedra oculta.

Olhos que sentem o gosto,
amargura de letras escarlates,
cobertura incandescente,
aventura do inconsciente.

Olhos que sussurram como lábios,
leitura entrecortada de suspiros,
declamação despudorada
de uma razão desconhecida.

Olhos que pensam,
derramados em volumes,
de escritos criptográficos,
gozo secreto,
pequeno infinito,
êxtase inacabado.

Para Sonia,
com amor de um século, Natal de 2000

Tercio

12 de junho de 2000

Vinte anos faz
que a magia do gesto
fez seguir em paralelo
duas vidas cruzadas.

O destino concebeu
uma trama inexplicável
que de dois fez um só
que só dois podem ser.

De mim que era eu
de você que era você,
eu e você.

Tercio

Querida

Para quem ama,
o tempo que passou
parece breve e insuficiente.

E o tempo por vir,
um infinito
de promessas e inquietudes.

Lanço meus olhos
ao passado
e ainda te vejo
como a doce esperança
que se realizou.

Tercio
17 de outubro de 2000

Para Sonia

Um poema inacabado
como um amor que não acaba

Os anos que se passam e que não contam
Os traços que se deixam e que não marcam
A vida que se esfumaça por detrás de um lampejo,
como um raio que ilumina
a nuvem que se forma
o amor que se abre
como portas de um recinto sem paredes
assim, querida,
vejo-te hoje como sempre:
uma alegria que não se contém
um desenho que não se delineia
um infinito debruçado
na meiguice de que és feita, com

16 de abril de 2001

No dia dos namorados

Um livro?
Sim
Porque quero beijar-te
vendo teus olhos correrem pelas linhas
numa sôfrega ansiedade

Um livro?
Sim
Porque quero cobrir-te a fantasia
de expressões tantas
que te deixem rendida
a mim

Um livro?
Sim
Porque quero sentir-te sensual
como os textos tangidos
pelos lábios que sussurram

Para Sonia,

eu, que te amo muito

Um livro?
Sim
Porque quero possuir-te inteira,
cada sonho e pensamento,
como um tumulto gráfico
de mensagens insondáveis.

23/5/02

Tercio
2001

Para Sonia,

eu, que te amo serenamente

23/5/02

Para Sonia,

eu, que te amo docemente.

Para Sonia,
eu, que te amo muito.

Para Sonia,
eu, que te amo mais que todos.

Para Sonia,
eu, que te amo serenamente.

Para Sonia,
eu, que te amo sensualmente.

Para Sonia,
eu, que te amo docemente.

Para Sonia,
eu, que te amo incondicionalmente.

Para Sonia,
eu, que te amo loucamente.

Para Sonia,
eu, que te amo calidamente.

23 de maio de 2002

Um presente de austeridade

Este amor que se fez
num contínuo sem intermitências,
cruza, num fruto insólito,
o ardor incontido
de uma paixão permanente.

A carne da tua carne
que não é a carne da minha carne
é, afinal,
o fruto que nos faz uma só carne.

Um beijo,
no dia dos namorados

Para Sonia

Tercio
2002

Natal com Capitú

Olhou-nos com olhos fundos
como se trouxesse na alma
uma palavra insondável.
Lambeu-nos os dedos,
mordiscando a carne
de uma ternura insuspeita.
Depois, desprendeu do corpo
um suspiro lânguido
como se o mundo todo
houvesse adormecido.
E assim imóvel,
a cabeça pousada nos braços,
semeou-nos a alma inquieta,
de uma semente silenciosa.
Sorri,
como sorrimos tantas vezes,
você e eu,
com os olhos entrelaçados.

E as mãos
encheram-se de carinhos
como se quisessem descobrir
naqueles pelos brancos
o Natal que ali se escondia.

Tercio
2002

I like Sonia

I like the night of your black hairs.
I like the stars of your bright eyes.
I like the wine of your inebriating lips,
    the peach of your smooth skin,
    the rosebud of your gay youth.

I like your smile, in the fresh day-break,
    sun of my morning, light of my life.
I like your ingenuousness, balm of my soul,
    loving the birds in the blue sky,
frightening with the thunder in the black-night.

I like your sincere happiness,
running to my arms, rushing to my heart,
    dreaming with my dreams.

I like your tears at seeing the suffering,
    your piety at seeing the misfortune
    your stoicism before your own pain.

I like the vividness of your presence,
the peace of your sleeping,
the fascination of your body,
the purity of your soul.

I like the sweetness of your voice,
singing with the birds, in the tender calm of the twilight
I like you... as you are.

Para o meu amor, no dia do seu aniversário

Rosas,
rosas rubras,
como lábios entreabertos.
Desejo incontido,
infinitos debruçados
numa frágil haste,
corpo de pétalas
despido como fogo,
que me arde inteiro.

Tercio
23 de maio de 2001

A pulseira

Se você pensa que tudo são flores... aqui vai

Cerra o pulso
como a algema
Mas não prende os braços
livres como o amor
para um amplexo forte
que esmaga o corpo contra o corpo
como se um corpo só fosse.

23 de maio de 2001

Para Sonia, que está sempre ao meu lado

Há um sorriso preso nos teus lábios,
que nem essa dor impertinente,
que acossa a vida
e atribula a existência,
consegue desprender.

Não há engano
nem desespero
que façam desse sorriso
uma rosa desfolhada.

Ele emoldura o teu rosto,
mesmo contrafeito,
de uma paz que não te abandona.

Tercio
São Paulo, 16 de abril de 2002

Para Sonia

A felicidade
que se derrama pelo tempo
faz do tempo
uma experiência única.

Já não se contam dias,
já não se contam meses,
já não se contam anos.

Conta-se um infinito,
fugaz e eterno,
que nos enleva,
porque não acaba nunca,
e nos põe medo,
porque não se quer que acabe.

Tercio,
no dia 17 de outubro de 2002

No dia do seu aniversário

Hoje, eu quero um riso,
capaz de abrir os lábios
na expansão de uma alegria incontida.

Eu quero um riso,
capaz da impunidade inocente
do riso de uma criança.

Quero um riso,
entre riso e sorriso,
como um convite dissimulado
a um beijo de amor.

Um riso de fantasia,
a inebriar a alma e o corpo
de um desejo despudorado.

Um riso de sortilégio,
como um sopro de magia
que desperte o inconsciente.

Que me faça dizer
o que eu não digo
nem consigo dizer.

Tercio
Para Sonia em 23 de maio de 2003

12 de junho

Há, neste dia,
uma lembrança que me persegue.
Que faz do encontro das mãos
a antecipação ansiosa
de um beijo rubro
como teus lábios em pétalas.

Que diz minha alma inteira
de um suspiro abandonado
como suspiram enamorados
de uma saudade vívida.

E que brilha nos meus olhos
um dia de juventude
que aquece a ti e a mim,
como um juramento selado
por lábios entreabertos.

Para Sonia
2003

Hoje, como há 23 anos...

Teu corpo,
contornos doces
que meneiam em voltas,
uma flor,
que se abre em pétalas
de um aroma ensandecido.

Minha mão te cobre,
com a volúpia de lábios,
num beijo enrubescido
de um pudor transtornado.

E de teus olhos,
semicerrados,
exalam súplicas
de um amor incontido.

Para Sonia,

Tercio
17 de outubro de 2003

Natal de 2003

Em minh'alma tua alma rodopia
como lembrança fugidia
de um volteio aspiralado.
Como se em retornos sem voltas
a memória sucumbisse
num tempo que se foi.

No contorno de mim mesmo
torno e entorno
e outra vez retorno
num volteio infinito
ébrio e sem fim

Como se olhasse
de um olhar lacrimoso
um velho quadro esquecido
de um Natal esmaecido

que ainda é para ti
o que sempre foi para mim.

Para o meu amor

Tercio

Para Sonia, meu amor

Um coração apertado
como barcos de junco
espremidos no ancoradouro.

Minha alma se move
no balanço de pequenas vagas
que se batem infinitamente.

Sofro,
de uma angústia indizível,
um mar
que se estende diante de mim
e que não acaba.

Sinto,
tua face crispada
de um recorte grego
esculpido em mármore.

Tremo,
por teu olhar de esfinge
que só pergunta
e nada responde.

Peço,
como um pedinte humilde
que se desespera
por um simples sorriso.

Tercio
12 de fevereiro de 2004

P.S.: Não quero que o barco do nosso amor se despedace nos rochedos do cotidiano.

16 de abril de 2004

Teu destino cortou meu horizonte
como um veleiro de águas oceânicas.
E tua voz soou nos meus ouvidos
como ondas numa praia anoitecida.

Tua palavra é um sacramento
que honra meu nome
como um beijo puro
numa fronte febril.

Não há um gesto nem um olhar
nesses vinte anos de amor
solenemente prometido
que traia essa força imóvel
a sustentar a haste
de uma flor sempre nascente.

Creio em ti como crês em mim.
Numa crença solidária
que faz de nós
uma só crença.

Tercio
16 de abril de 2004

A bolsa, com todo carinho,
é para você. E isto é um
presente para mim...

V.

Metade de uma vida

Olhos molhados de repentinas vagas
teu corpo palpita diante de mim
como o suspiro latejante
de um desejo inexplorado

...

Os dedos abertos da mão espalmada
buscam teu corpo
como pétalas rubras
de uma flor esfacelada.

...

Cubro teu seio
de um lábio estremecido
como um doente febril
de olhar ensandecido

...

Como se o tempo voltasse
sobre cada tempo passado
a lembrança inexaurida
da metade de uma vida.

Para Sonia em 23 de maio de 2004

Tercio

"Toi et moi"

Um riso que te namora os lábios,
lábios que me pedem beijos
beijos que te suspiram sonhos
sonhos que me encantam os olhos
olhos que te deixam lágrimas
lágrimas que me ocultam vozes
vozes que te falam ciúmes
ciúmes que me dizem amor
amor que te ferve o sangue
sangue que me cresce em fogo
fogo que te acende o corpo
corpo que me entrega a vida
vida que nos fez um só.

Tercio
12 de junho de 2004

Pela primeira vez, em 24 anos...

Sinto no rosto o sal das águas
a tomar-me a memória de uma fúria impotente.
A cobrir-me os olhos
de lembranças distantes
que somem na areia como escumas do mar
Que vêm aos meus ouvidos
como o troar de vagas gigantescas
Que se levantam imponentes
ao sopro de um vento invisível
e em seguida se tornam água
como se nunca se houvessem erguido.
Mas na violência do mar
que bate no casco frágil
sinto o hálito das marés
a conduzir as velas brancas
por esse amor imenso de um verde inacabado.

Para Sonia

Tercio
17 de outubro de 2004

Para Sonia

Foi neste Natal
que a vida,
pela primeira vez,
passou como uma estrela cadente
que só eu vi.

Foi neste Natal
que a noite desceu como uma sombra
sobre a luz tremulante
de uma esperança enternecida.

Foi neste Natal
que o sopro do tempo
descobriu suavemente
uma alvura delicada
nos cabelos negros
de uma avó escondida.

Foi neste Natal
que o amor

sorriu nos teus lábios
um sorriso de encantamento
que deslumbrou
um coração de criança.

Tercio
2004

Para Sonia

Na solidão da orquídea,
o tempo de muitos anos
faz de mim
um sonhador;
que sonha
o teu beijo
como uma pétala
que me perfuma
a alma encantada.

Tercio
17 de outubro de 2005

25 anos

Tenho na memória
cabelos como nuvens
descendo sobre meus olhos
como uma cascata perfumada.

Tenho na memória
a doce voz
que sai da alma
como um suspiro
de quem sempre é assim.

Tenho na memória
o corpo de uma dança
que inebria meu desejo
de muitos outros desejos
e que desce pelo teu andar
como um ritmo
ainda por inventar.

Tenho na memória
a cor da tua pele,
debruçada sobre teu corpo
como um tributo divino
ao sol que te adora.

Tenho na memória
o tempo
O tempo que me transforma
num sonho vivido a dois.

Tercio para Sonia
17 de outubro de 2005

17/X/85

Sonia:

Bem plantada, bem cuidada,
não perde o viço
e floresce para sempre.
Como este amor de cinco anos.

Tomás.

16 de abril de 1984 ou melhor 14 de abril de 1980

Sinto o amor dentro de mim
como dedos que cobrem teu corpo
de uma volúpia sem fim.

Cerro os olhos
de uma visão introvertida
para ouvir da tua boca
a púrpura dos teus lábios.

E beijo teus seios
de um sabor endemoniado
que me encanta de um prazer
que nasce com o dia
e vara, insone, as noites a teu lado.

Para Sonia,

Tercio
Abril de 2005

Quero teus olhos fitos nos meus
numa promessa infinita,
como se o tempo juntos
fosse uma vela acesa
que não se consome.

Que ilumina o meu caminho
e incendeia minha alma
de um amor que é chama.

Que arde, mas não queima;
que rompe em luz
mas se esconde em sombras;
que acende em vida
e se apaga em doce desfalecimento.

T.
Para Sonia, esta "camoniana", no dia do seu aniversário.
23 de maio de 2005.

Amor de longa data
é amor bem comportado,
é amor todo dobrado
metido no envelope,
selado e datado,
pronto para ser mandado.

Meu amor não tem data.
Não nasceu um dia.
Por isso não morre.

Não traz paz,
mas emoldura de paz
a ansiedade e o sofrimento.

Por isso sofre,
com alegria e exaltação,
como se o mundo coubesse
dentro do coração.

Meu amor se oculta
da vista que devassa,
por isso se esconde nos cantos,
foge da multidão
e colhe da noite
suspiros enamorados.

Pelo livro que você me deu,
um "drummond" que eu mesmo fiz.

Para Sonia, no dia 12 de junho de 2005
Tercio

Tempo

Há um tempo de trabalho,
que faz das lembranças de um dia
momentos catalogados
de um fichário que tudo guarda
por senhas virtuais.

É um tempo de cotidiano,
que limpa a memória de afetos,
dimensiona sem dimensões
e faz de um evento significativo
uma significação sem significado.

Mas há um tempo de vida
que até de um momento esquecido
faz um momento lembrado
que a alma retém escondido
sem registro rememorado.

É um tempo que nos inunda
de um presente interminável
como um mar de emoções
de vagas que vêm e vão
sem futuro nem passado.

É um tempo de amor,
que lembra sem ser lembrado,
que faz do passado um presente
que se perde eternamente
num beijo prolongado.

Para Sonia, no dia 16 de abril de 2006
Tercio

Sempre e sempre

Seus cabelos já não correm pelos ombros
como a sombra da volúpia de meus olhos.
Mas a boca se abre como um beijo
que estremece meus lábios entreabertos.

O tempo é um mestre generoso
que cobre o corpo de lembranças,
inebria a mente de saudades
e faz do amor um idílio permanente.

Um sonho que se esgota numa noite
alimenta o efêmero das coisas
e torna a vida uma angústia insuportável.

Mas o sonho que tu és para mim
ilumina minha alma de esperança,
uma luz que brilha e nunca se apaga.

Para Sonia, no dia dos seus 50 anos.

Tercio
Maio de 2006

Enoteca do Fasano

Dia de enternecimento: Thati e Juliano e todos nós. E dentre nós, eu e você, enamorados.

12 de junho de 2006

Sonia

No encontro das almas
a palavra sem voz.
O amor corre pelos lábios
como um contato de cores
que a pele arrepia
de um motivo sem razão.
O silêncio que oculta
o calor dos corpos
revela o enigma
que não se descobre
mas que nos une
num beijo infinito.

Tercio

Para Sonia

Corro os olhos pelas ondas
pensando que o Natal, um dia,
se deita sobre a areia
como lembranças que vêm e vão.

Algumas se quebram em fúria
como um pesadelo que não se esquece.
Muitas correm brancas
como escumas que logo se perdem.

Mas o Natal que você me traz,
murmura nos meus ouvidos
um marulho inesquecível
que o tempo não desfaz.

Que molha o meu corpo cansado
de um azul transparente,
que deixa minha alma inquieta
coberta de paz.

Natal de 2006
Tercio

Para Sonia 51

23 de maio de 2007

No dia em que a boa idéia que você sempre foi tornou-se a boa idéia que você será sempre.

Para Sonia, que sempre me ama...

Ao amor que não se vê e não se toca,
que namora os espaços do meu corpo
com a volúpia de lábios insensatos
e o desejo de mãos enlouquecidas...

Ao amor que não conhece a finitude
do tempo de memória e esquecimento
mas que passa contando os minutos
da paixão que nunca se rende...

Ao amor que sucumbe à ternura,
sem perder a força, jamais,
da vontade incontida de doar-se

Ao amor que não nasceu nem vai morrer
pois desfruta do mito e da magia
que nos une desde sempre para sempre.

Tercio
23 de maio de 2007

Que fez desse momento
uma lembrança tão doce
que a memória esqueça,
mas o tempo conserva?

Talvez a alegria exultante
que cobria o seu rosto
de um riso vermelho
como um lábio em flor.

Talvez o olhar de vida
que prometia mais,
mais do que esperar
meu desejo pudesse

Talvez...

Talvez seus cabelos negros
como um véu de noiva
cheio de pecado
e de amor proibido.

Talvez o suave langor
que me penetra n'alma
essa tristeza culpada
de haver esquecido.

16 de abril de mil novecentos e tanto

Para você.

Tercio
2007

O tempo corre
como a sombra de um deus
que tudo apaga.
Anos se tornam dias,
dias se tornam horas,
horas se tornam minutos,
minutos se tornam segundos,
a vida se reduz a um átimo,
no átimo, tudo e nada se confundem.

Mas no infinito do instante,
a vida do amor que conjuga
é um instante infinito
de memória invertida
em que o futuro é presente
onde o passado começa
e o passado é o futuro
que o presente eterniza.

Aos 27 anos do nosso casamento,
com o amor de um instante sem fim.

Para Sonia,

17 de outubro de 2007
Tercio

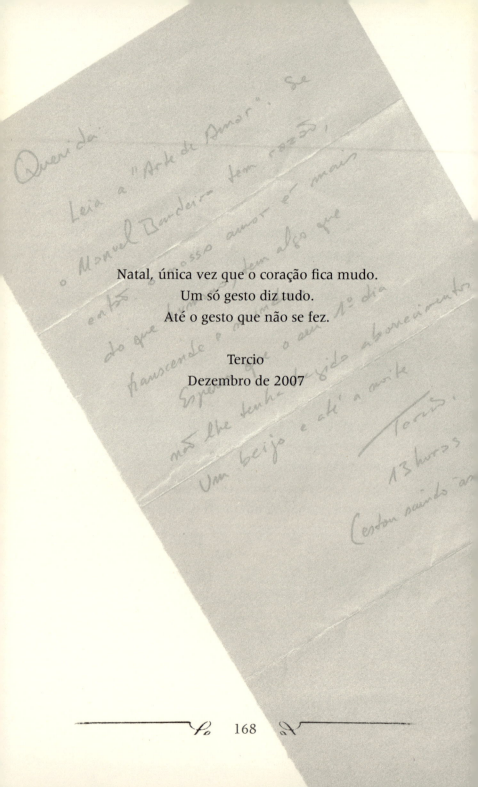

Natal, única vez que o coração fica mudo.
Um só gesto diz tudo.
Até o gesto que não se fez.

Tercio
Dezembro de 2007

Para Sonia, no dia do seu aniversário...

Sinto a cada instante vivido
a ansiedade da existência que passa
e que me furta
como um pequeno ladrão
os mais doces enlevos,
aqueles sem sentido e sem razão.

São enlevos de estar a teu lado,
como um cão fiel e silencioso,
sequioso por lamber-te as mãos
de um amor que nada pede e tudo recebe.

São enlevos de memória,
de tua presença,
contínua e pressurosa,
até quando estás ausente.

São enlevos de angústia,
de um futuro desconhecido,
cheio de esperanças,
também do medo de expectativas interrompidas.

São enlevos...
São enlevos de quem nunca te esquece
até mesmo quando te esquecer parece.

Tercio
Ilha Bela, 23 de maio de 2008

Para Sonia em 12 de junho de 2008

Namorado é um peixe
de olho parado
pronto para ser fisgado.

Vou levando meu anzol
na boca mordida
de um beijo
que deixou o gosto
de um namoro sem fim.

e agora que te vejo,
me esperando
de caniço erguido
quero ser teu namorado
de olho parado
até o fim.

Tercio

No dia 17 de outubro de 2008

Vinte e oito anos, entre Sonia e Sonia

Amor:

nós temos m
lembrar; na verdade
dia é um momento
obrigado pra ele e pe

Felicidade

Entre memória e esperança,
felicidade é um átimo de tempo,
sem duração.

Na memória,
os cabelos que esvoaçam,
um cortinado sensual
que oculta e transluz.

Na esperança,
o sonho que não termina,
promessa renovada
de um amor que nasce sempre.

E n'alma
uma alegria que não conta
como as contas de um minuto
que dura enquanto passa
mas não passa enquanto dura.

Tercio

Natal de 2008

*Para Sonia que nada espera
e que se doa sempre.*

É Natal.
Um dia que nasce
como um dia qualquer.

Mas logo
é no teu sono tranqüilo
que meus olhos descobrem
o langor do amanhecer.

Num movimento,
que mal se percebe,
teus braços me enlaçam
como nuvens despertadas
pelo sopro da madrugada
e que voltam a dormir.

Sinto-me água,
com mil formas e sem nenhuma,
que escorre em serpentinas,
a despenhar no abismo
que fiz de mim mesmo.

Mas tu me acolhes
como um vazio que se aconchega
num corpo que espera.

E então eu me sinto
como se nada fosse.
E descanso afinal
na paz de uma noite
a angústia de todas.

Obrigado,
Tercio

FOR A SPECIAL DOG'S OWNER

Só o amor perdoa de verdade.
O perdão não apaga a falta.
Mas o amor faz do perdão
o que o perdão não faz do amor:
almas que se reconciliam,
como se fossem sempre uma só alma.

Para Sonia,
com um pedido de perdão que é amor.

Tercio
19 de agosto de 2009

Sempre

Hoje, 29 anos...

Eu te amo hoje como te amo sempre.
Como as vagas que cobrem a maré da tarde
e voltam a cobrir a maré do dia.

Como o vento que sopra
esta maré de todas as marés,
num mar de ondas que nunca param.

Como o tempo que passa
e deixa teus cabelos brancos,
mas não passa o amor
que nos faz respirar juntos
este ar vital que nos inspira sempre.

Para Sonia

Tercio
17 de outubro de 2009

Onze anos

O tempo que passa
cobre de esquecimento
a memória do cotidiano.
   Mas...
O tempo que passamos juntos
recobra a memória dos dias...
entre um sonho e outro,
um desvanecimento.
   Aliás...
Sua presença a meu lado
recria em mim
de instante em instante
plenitude e perenidade.
   Assim...
O tempo que passa
nem parece
feito dos tantos dias
que a gente esquece.

T.

Natal, num piscar de feiticeira

Para Sonia...

"Há uma ordem para tudo",
pensou ela, olhando para o Natal.
Que vinha pelo riso do neto,
pelo choro de fome
que abria o bico sedento
de leite materno.

Uma ordem de Natal!
Tudo pronto
como um piscar mágico
de feiticeira treinada
que sabe a ordem das coisas.

Tudo lindo,
de árvore enfeitada
peça por peça
como sempre fizera.

Mas havia naquela noite
um sonho teimoso
desses que entram pela cabeça
e não saem nem acordando.

Um sonho de Natal
de festa consumida
de um coração vermelho,
como bola pendurada
num galho bem alto.

Um sonho que lhe vinha
pela noite adentro
e iluminava a escuridão
de toda a bondade
que havia em sua alma.

Tercio
2009

"Toi et moi"

Um poema de recordação, neste dia dos namorados (12 de junho de 2009)

Você,
de olhos semicerrados,
uma tempestade contida,
relampejando no horizonte.
Eu,
de olhar absorto,
contemplando a miséria de um sonho
misto de pesadelo e fantasia.
Você,
de alma arrebatada
de uma tranqüilidade aparente,
que cresce em labaredas.
Eu,
de humor taciturno,
que busca no íntimo recôndito
a resposta irrespondível.

Você,
explosão exuberante,
riso sem pudor
de dentro de um casto amor.
Eu,
lágrima que não chora,
suspiro que sucumbe
quase sem ar.
Você...
Eu...

Tercio

Para Sonia, num dia 23 de maio longe e distante

O dia passou
como o sopro de uma alma
que se vai.

Nem o canto morno
do marulho
a entardecer.

Nem o riso aberto
como ondas espalhadas
pela areia.

Nem a ternura que abraça
o corpo pequenino
de uma criança.

Nem a doçura que molha
como o feitiço
de um beijo.

Nem o contágio ardente
da febre que nos farta
de amor.

Tercio
2010

SONIA

Sentir como a pétala arrepiar-se ao toque,
Olhos semicerrados, a revelar alma em chama,
Nos lábios um sangue que não se verte,
Incontido desejo jamais desfalecido,
Amor sem limites.

    Sonho que nunca desperta,
    Ontem como hoje, agora como sempre,
    Ninho que aconchega,
    Incessante e acolhedora,
    Alma carregada de ternura.

        Súplica feita de ciúme,
        Oculta e devassada,
        Nunca amarga, sempre doce,
        Indelével e cambiante,
        Arrebatada e tranqüila.

            Ser como sempre,
            Ousar como nunca,
            Num misto de risos e de lágrimas,
            Inconstância plena de constância,
            Anos que a memória não apaga.

Sonia, Sonia e Sonia.

Para você, no seu 53º aniversário,
Tercio

"Toi et moi"

30 anos...

Para a minha namorada sempre

Olhos lúbricos de um mar revolto.

Os lábios entreabertos
como a sedução ardente
de uma tarde de estio.

Os cabelos soltos
que te cobrem os seios
como um véu de penumbra e mistério.

Um corpo que estremece
de uma paixão enlouquecida
a dedilhar-te a pele.

Como a lembrança de um quadro
que se grava num sonho
e adormece por toda a vida.

Tercio
12 de junho de 2010

O presente

Eram flores não colhidas,
uma rosa sem cor de rosa
bem no meio de um arranjo
que ninguém havia feito.

Um buquê maravilhoso,
sem presilhas nem fitas,
que adornava insuspeito
um vaso transparente
de uma alegria imaginária.

Ramos verdes,
que o tempo descolorira,
eram feitos da saudade
que a memória acalentava.

E num cartão escondido
em que nada estava escrito
trinta anos de amor
era tudo que se lia.

Para Sonia, em 17 de outubro de 2010

Tercio

Para Sonia
Natal de 2010

Dor
não combina
com amor,
elimina.

Um Natal sem dor
um Natal só de amor.

Andar na areia,
sentir nos pés
a maré subindo.

E ver no azul
do horizonte azul
teu vulto vermelho
como um sol em brasa.

Tercio

Para Sonia

A alegria que passa por teus olhos
é branca espuma
que o mar verdeja e traga
como a fumaça de um cigarro aceso.

O ano que passa
tremulou como o vento
na sombra prateada
dos teus cabelos.

E o rubro que desponta
do primeiro dia que nasce
é como lábios que me chamam
para o amor de todo um ano.

Que meu passo incerto
de uma criança que aprende a caminhar
possa seguir a alegria
que umedece teus olhos
de uma espuma borbulhante.

Tercio
2010/2011

16 de Abril de 2011
16 de Abril de...

O tempo que é meu
não é o tempo que é seu.

Meu tempo é cheio de outros,
é tempo marcado, pesado, quadrado, partido.

O tempo que é seu é cheio de sempre,
um cotidiano que termina quando começa
e começa quando termina.
Um tempo de criança
que nada sabe do tempo.

O tempo que é meu
tem passado e futuro:
quando começa, sabe quando acaba;
quando acaba, sabe quando começa.
Não passa sem compromisso
e compromete tudo que passa.

O tempo que é seu se consome
no riso de uma criança
que chora quando ri e ri quando chora.

Mas juntos, o tempo que é seu é tempo que é meu.
E esse tempo que é nosso parece que não passa.

Para Sonia

Tercio

Vovó 55

Pediram-te que cuidasse das crianças.
Teus olhos brilharam como se os delas fossem.
E, num minuto, começa um jogo de bonecos heróis.
Sentada no chão, como um moleque danado,
os zumbidos de naves estelares
são ouvidos de parte a parte.

Um riso de alegria espontânea
toma conta dos teus lábios.
És agora um leão faminto
que ruge imponente na floresta.

E logo, na profusão das brincadeiras,
é a alegria de uma vida,
num coração de criança
que se doa em pedacinhos.

Teus olhos têm dois meninos,
os meninos dos teus olhos.

Vovô

"Toi et moi"

Amar sem falar.
Com voz em suspenso,
as mãos que se apertam
e a emoção que nasce e retorna
de um dia que não terminou.

O amor fez de nós dois
um par sem par;
do silêncio de um olhar
uma doce conspiração.

Como se o tempo passasse
e a vida nos conservasse.
Como se as linhas que traçam
o perfil físico de nossa existência,
se esmaecessem
numa só alma; eu e você.

Para Sonia,
12/6/2011

Para Sonia, sempre, sempre

Natal de vó

Natal de vó
tem doce
tem doce doce
como é doce a vovó

Natal de vó
tem luz
tem luz que brilha
como o olhar do brilho
da lágrima de vó

Natal de vó
tem sonho
tem sonho de Sonia
que um dia desceu
como a benção mais esperada
do Natal do vô.

Tercio

Posfácio

Para Tercio, aos seus 70 anos

Immanuel Kant é o maior filósofo alemão e suas idéias deixaram sua marca também na obra de Tercio. Depois de muito meditar, Kant, um dia, resolveu se casar. Ele tinha posto os olhos já há muito tempo em uma moça das vizinhanças. Foi então à residência da família para formular o pedido e voltou para casa com as coisas não resolvidas. Disseram-lhe que a família tinha deixado a cidade há muitos anos.

Isso também poderia ter acontecido com meu amigo Tercio, se Sonia não tivesse aparecido. Sem ela, o neokantismo e o dualismo metótico em Emil Lask (sua tese de doutoramento na Alemanha) teriam ficado lamentavelmente em seus tristes limites. Nunca ter-se-ia chegado a essa grandiosa aliança, que, com um pouco de tranquilidade, se consegue ver mais de perto, quando se sabe o que o amor é.

Aqui se encontraram duas pessoas, que, Kant ali, Kant acolá, nenhuma dúvida têm sobre o que os mantém juntos. É o amor. Também nunca chegariam à idéia de um menosprezar o outro. Ele é sempre o homem, ela, a mulher. Jamais se cansam de suavemente enaltecer sua felicidade. Nunca vi meu amigo mais feliz do que no dia em que em que me apresentou Sonia. E assim, quando leio as poesias neste livro, parece que nada mudou. Ao contrário, nem quero saber o que Kant teria enfiado na gaveta e que uma arrumadeira simplesmente jogou fora. Pois ele, afinal, não tinha uma Sonia.

Ingo*
23 de agosto de 2011
Antananarivo Madagascar

* Ingo Maehrlein (69), advogado, pintor, é membro do serviço alemão de ajuda aos subdesenvolvidos, amigo de Tercio desde 1965.

Nachwort
Tercio zum 70

Immanuel Kant ist der größte deutsche Philosoph und seine Gedanken haben auch das Werk von Tercio geprägt. Nach langem Nachdenken beschloss Kant eines Tages, zu heiraten. Er hatte seit längerem ein Auge auf ein Mädchen aus der Nachbarschaft geworfen. Er ging zum Hause der Familie, um seinen Antrag zu machen, und kehrte unverrichteter Dinge nachhause zurück. Man hatte ihm gesagt, daß die Familie schon seit mehreren Jahren die Stadt verlassen hatte.

Das hätte auch meinem Freund Tercio passieren können, wenn da nicht Sonia wäre. Ohne sie wären der Neukantianismus und der Methodendualismus bei Emil Lask an ihre bedauerlichen Grenzen gestoßen. Nie wäre es zu dieser grandiosen Allianz gekommen, die man sich ruhig einmal genauer ansehen kann, wenn man wissen will was Liebe ist.

Hier haben sich zwei gefunden, die Kant hin Kant her keine Zweifel darüber haben, was sie zusammenhält. Es ist die Liebe. Sie kommen nie auf den Gedanken, den anderen herabzuziehen. Er ist der Mann und sie ist die Frau. Sie werden nicht müde, leise ihr Glück zu preisen. Nie habe ich meinen Freund glücklicher gesehen als an dem Tag, an dem er mir Sonia vorstellte. Und wenn ich so die Gedichte in diesem Buch lese, scheint sich da nicht viel geändert zu haben. Dagegen möchte ich gar nicht wissen, was Kant in der Schublade hatte und was die Putzfrau einfach wegwarf. Denn er hatte keine Sonia.

Ingo
23. August 2011
Antananarivo Madagascar

Meninigha:

Vi o cartão e pensei em você. Estou no aeroporto de [Frankfu]rt, esperando a conexão para Colônia. A viagem mal [começ]a, mas é como se já estivesse há um ano longe de você. [Vô]o foi tranquilo. Dormi pouco. Umas 3 horas. Foi o [sufici]ente. Até agora nada aconteceu. Esta espera, de um vôo [para] outro, é irritante. Fico pensando num tempo perdido, [long]e de você. Soninha querida: eu amo você, mais [do q]ue você pensa. Muito mais: É como se a distância revelasse a medida e a intensidade do amor. E nada e [tudo ao mesmo tempo] passou. É tranquilidade de alma.
Beijos muitos, Tom

14605 - Hummel: Hast du mich auch so gern?
Verlag Ars sacra Josef Müller, München

Amor!   23/9/80

Há quantos anos eu saí do Brasil! [A]qui está uma doidice. Os alemães [tê]m um programa louco. Não dá para respirar. Hoje quase perdi o [ôn]ibus porque tive que ir ao banheiro! [É] tarde agora. Viajamos à noite. [São] 3 horas da manhã. Chegamos [em Bochum]. Amanhã levanto cedo para [fazer] um texto para a Folha. Agora [vou] adormecendo, pensando em você, [s]eus cabelos longos, sobre os meus [ombros], sua voz doce e terna me chamando ["que]rido", como só você sabe. Saudade. [Mu]ita saudade. Logo estaremos juntos.
Um beijo

VERLAG KURT JAEKEL, LINDENSTR. 30, 4630 BOCHUM 6 (WATTENSCHEID), TEL. 53223

Großveranstaltungen,
[Ta]gungen, Kongresse

4630 BOCHUM
Husemannplatz an der Kortumstraße
31. 037.43 269830

LUFTPOST
DEUTSCHE BUNDESPOST 90
-1.10.80

Sônia Macedo de Mendonça
SQS 110 Bloco I
apto 304
BRASÍLIA - DF
BRASILIEN

Esta obra foi composta em Meridien,
projetada por Adrian Frutiger em 1957,
no corpo 11/16.